AF315400

Vente des Lundi 27 et Mardi 28 Janvier 1890
HOTEL DROUOT, SALLE N° 3
A 2 HEURES

# CATALOGUE

DE

# CURIOSITÉS

## ET OBJETS D'ART

## 12 TAPISSERIES ANCIENNES
Verdures et à personnages.

### MEUBLES ANCIENS SCULPTÉS ET MARQUETÉS
Fauteuils Louis XVI, — Sièges de toutes époques.

## Importante Collection de Dessins, Gravures et Aquarelles
### des Maîtres de l'École Française.

### MINATURES, BIJOUX, OBJETS DE VITRINE

## ÉTOFFES ANCIENNES

| | |
|---|---|
| **M<sup>e</sup> L. LHUILLIER** | **M. LEGAY** |
| COMMISSAIRE-PRISEUR | EXPERT |
| 29, Rue Le Peletier. | 74, Quai des Orfèvres. |

## EXPOSITION PUBLIQUE
*Le Dimanche 26 Janvier 1890, de 1 h. 1/2 à 5 heures.*

PARIS. — IMPRIMERIE CHAIX, 20, RUE BERGÈRE. — 1838-1-90.

# CONDITIONS DE LA VENTE

---

*Elle sera faite au comptant.*

*Les acquéreurs paieront, en sus des adjudications,* **cinq pour cent,** *applicables aux frais.*

*L'exposition mettant le public à même de se rendre compte de l'état des objets, il ne sera admis aucune réclamation, une fois l'adjudication prononcée.*

# DÉSIGNATION

1 — Douze pièces Aquarelles et Dessins, anciens et modernes.

2 — Vingt pièces Aquarelles et Dessins, Portraits et Paysages.

3 — Dix jolis Dessins anciens.

4 — **Darjou** et **Watteau** fils. — Deux jolis Dessins.

5 — **Aubin** et **Claudion**. — Six Dessins, École française.

6 — Quinze Dessins anciens et modernes.

7 — Vingt-huit Dessins et Aquarelles, anciens et modernes.

8 — **Hubert-Robert** et **Lebrun**. — Deux jolis Dessins, le premier représentant dés ruines, et le second une tête de jeune femme.

9 — **Mignard** et **Grenier**. — Trois Dessins : Portraits.

10 — **Geordeux, Fragonard, Henri Regnault** et **Berghem**. — Quatre Dessins allégoriques.

11 — **Fragonard**. — Un Dessin à la sanguine et neuf autres Dessins et Aquarelles divers.

12 — **Gavarni** (attribués à). — Quatre Dessins, croquis.

13 — **Gavarni** (attribués à). — Trois Dessins, caricatures.

14 — **Gavarni** et **Bailly** (attribués à). — Trois Dessins caricatures et un Portrait de femme.

15 — **Gustave Morin**. — Deux jolies Aquarelles.

16 — **Etienne Lesueur**. — Deux jolis Dessins, scènes romaines.

17 — Dix pièces Aquarelles, Portraits et Paysages.

18 — **Panini** (attribués à). — Deux jolis Dessins à l'encre de Chine, représentant des ruines romaines.

19 — **Corot** et **Flattes.** — Deux Dessins
signés.

20 — **Santane.** — Un Paysage.

20 *bis* **Wilde.** — Femme.

20 *ter* **Orselli.** — Aquarelle.

21 — **Finnard.** —Deux jolies Aquarelles, sujets
militaires.

22 — **Gavarni.** — Aquarelle.

22 *bis* **Nattier.** — Superbe Esquisse, sujet gracieux.

23 — **Charlet** (attribué à). — Sujet militaire.

23 *bis* **Huet.** — Paysage.

24 — **Maultier.** — Trois jolis Dessins, sujets
gracieux.

24 *bis* **H. Lebas.** — Un Dessin.

25 — **Janinet** (attribué à). — Portrait de
femme.

25 *bis* **Terburg.** — *La Leçon de guitare*, joli
Dessin.

26 — **Wouwerman** (attribué à). — Joli
Dessin, sujet paysage.

27 — **F. Boucher** (attribués à). — Huit jolis
Dessins, représentant des Amours.

28 — **Vanloo** (attribué à). — Dessin.

28 *bis* **Golsieux** (attribué à). — Curieux Dessin.
— Quatre autres Dessins divers.

29 — **Maultier.** — Un Dessin.

29 *bis* **Delafosse** (attribué à). — Dessin d'ornements.

30 — **Deboissieux** (attribués à). — Douze
pièces, Aquarelles d'animaux.

31 — **Michel** (attribué à). — Le port de Brest.
— Neuf autres Dessins et Aquarelles
divers.

32 — **Cabanel** (attribués à). — Un Dessin. —
Six autres Dessins divers.

33 — **Michel** (attribués à). — Paysage. —
Neuf autres Dessins et Aquarelles
divers, anciens et modernes.

34 — **Deboissieux.** — Sept pièces Dessins et
Aquarelles d'animaux.

35 — Trente pièces Dessins et Aquarelles. —
Paysages, Costumes, etc., etc.

36 — Trente pièces Dessins et Aquarelles. —
Paysages et sujets divers.

37 — Trente pièces Dessins et Aquarelles. —
Paysages et sujets divers.

38 — Quarante pièces Croquis et Dessins.

39 — **T. Johunot.** — Un Dessin.

39 *bis* **Isabey** (attribués à). — Deux Aquarelles et un Dessin.

40 — Dix Dessins anciens des XVII$^e$ et XVIII$^e$
siècles.

41 — Trente-cinq Dessins à la plume pour
illustration.

42 — Cinquante Dessins à la plume pour
illustration.

43 — **Carl Vernet.** — Cavalier, superbe dessin.

43 *bis* **Lebrun.** — Très joli Dessin à la sanguine.

44 — **Lesueur.** — Dessin allégorique.

44 *bis* **Luc Cambiaso.** — Dessin.

45 — Douze Dessins, Croquis, Sujets divers,
sur papier végétal.

46 — **Gavarni** (attribué à). — Un Dessin. —
Neuf autres Dessins divers.

47 — Douze pièces, Dessins et Aquarelles,
attribués à **Ingres, L. Boulanger,**
et **Delaroche.**

48 — Quatorze pièces, Dessins et Aquarelles, attribués à **Daumier, L. Boulanger,** etc.

49 — **Deboissieux** (attribuées à). — Quinze Aquarelles, Animaux.

50 — **Deboissieux** (attribuées à).—Aquarelles et Croquis d'animaux.

51 — Sept Dessins, dont une gouache et trois modèles d'éventails, Paysages et scènes d'intérieur.

52 — Cinq Dessins, dont un très curieux, représentant des guerriers et daté de 1538.

53 — **L. Boilly** (attribué à). — Cinq Dessins, portraits.

54 — **Bellangé.** — Six Dessins, sujets militaires.

55 — **Van Steen.** — Scène d'intérieur.

55 *bis* **Carmontel.** — Portraits, et trois autres dessins divers.

56 — Six Dessins divers, par **Desfriches, Schenaux,** etc.

57 — **Lebrun** (attribué à). — Dessin allégorique. — Cinq autres Dessins divers.

58 — **Eissen.** — Portrait de femme.

58 *bis* **Boilly** (attribué à).— Portrait de femme.
— Deux autres Dessins divers.

59 — **Moreau le jeune** (attribué à). — Quatre
Dessins réunis sur une seule feuille,
sujets historiques.

60 — **Jeaurat**. — Six Dessins costumés.

61 — **Delafosse** et **Tiépolo**. — Deux Dessins d'ornements.

62 — **F. Boucher** (attribué à). — Un Dessin
représentant des Amours.

63 — Cinq superbes Dessins d'ornement, époque
Louis XV.

64 — **Delafosse** (attribué à). — Dessin d'ornement, très jolie composition.

65 — **Paul Véronèse** (attribué à). — Deux
superbes Dessins d'encoignures de pla-
fond.

66 — **Aubin** (attribué à). — Trois jolis Portraits d'hommes.

66 *bis* **Baudet Bauderoale**. — Joli Portrait
de femme.

67 — **Bouchardon**. — Danseur.

67 *bis* **Claudion**. — Étude décorative.

68 — **Pierre de Cortone.** — Superbe Dessin. — Trois autres Dessins divers.

69 — Seize Aquarelles. — Costumes hommes et femmes (très curieuses).

70 — Quarante Dessins de vignettes très curieuses.

71 — **Van de Velde.** — Croquis de marine. — Quatre Dessins du XXII$^e$ siècle.

72 — **Moreau** (attribué à). — Dessin représentant un escalier. — Deux autres Dessins, dont un du XVIII$^e$ siècle.

73 — **Lebrun** (attribué à). — Très joli Dessin, sujet allégorique.

74 — Deux très jolis Dessins, dont un de la Révolution représentant une marine. — Dessin d'ornement, genre Watteau.

75 — Sept jolis Dessins d'ornement représentant des coupes.

76 — **Prudhon.** — Superbe académie — Onze Dessins divers.

77 — **F. Millet** (attribué à). — *Pêcheurs et Marins*, très joli Dessin.

78 — **F. Millet** (attribué à). — Paysannes bretonnes.

79 — **Gabriel d'Aubin.** — *La Réprimande*,
maquette.

79 *bis* **Delacroix** (attribué à). — Très joli Dessin.

80 — **Gaston Tugon.** — Sujet paysage, forme
ovale.

81 — Quinze Dessins (École française et italienne.)

82 — **Rembrandt** (attribué à). — Sujet historique.

83 — **Fragonard** (attribué à). — Très joli
Dessin et neuf Dessins (École française et italienne).

84 — **Isabey** (attribué à). — Deux Caricatures.

84 *bis* **Coypel.** — Dessin.

85 — Dix Dessins, dont un de **Ingres.** Un
autre de **Lepoitevin** : sujet de genre,
marine, etc.

86 — **Corot** (attribué à). — Paysage. — Neuf
autres Dessins et Aquarelles.

87 — Douze Dessins, dont un trompe-l'œil.

87 *bis* **Oudry.** — Fort joli Dessin.

88 — **Droling, Leprince** et **Jules Romain.**
— Onze Dessins divers.

*

89 — **Regnault** (attribué à). — Superbe esquisse
de jeune femme en pied.

90 — **E. Delacroix** et **Géricault** (attribué à).
— Quatre très jolis Dessins.

---

# DESSINS ENCADRÉS

91 — **Lépicié.** — Tête d'ange dans un cadre
ovale.

92 — **Watteau** (attribué à). — Sujet gracieux.

93 — **Deboissieux.** — Très joli Dessin en
couleur, représentant l'intérieur d'une
ferme.

94 — **Van de Velde.** — Scène maritime.

95 — **Van de Velde.** — Scène maritime
(fait pendant avec le précédent).

96 — **Moreau le jeune** (attribué à). — Dessin allégorique.

97 — Aquarelle représentant une Châtelaine du
moyen âge.

98 — **Pernet.** — Joli Dessin d'architecture.

99 — **Lecler.** — *Le Jeu de quilles.*

100 — **Huet** (attribué à). — Aquarelle. *Berger conduisant des animaux à l'abreuvoir.*

101 — **Jules Romain.** — Joli Dessin, représentant un char avec nombreux personnages.

102 — **Charles Jacque.** — *Berger et Moutons,* très joli dessin.

103 — **Grenier** (attribuée à). — Très jolie Aquarelle. *Enfant cueillant des fruits.*

104 — **P. Pujet** (dessin très rare). — Scène maritime.

105 — **Moreau le jeune** (attribué à). — Maquette en couleur, sujet gracieux.

106 — **Moreau le jeune** (attribué à). — Maquette en couleur, sujet gracieux.

107 — **Moreau le jeune** (attribué à). — Maquette en couleur, sujet gracieux.

108 — **Moreau le jeune** (attribué à). — Maquette en couleur, sujet gracieux.
Ces quatre numéros forment série.

109 — **Delaplace** (signé). — Jeune Italien, dessin au charbon.

110 — **Delacroix** (attribué à). — Joli Dessin, représentant un lion et une lionne.

111 — **Rivoire**. — *Jeune femme jouant de la mandoline*, très jolie aquarelle.

112 — **Giacomo** (signé). — Ruines italiennes.

113 — **Bigot** (signé). — Chasseur, dessin à la plume.

114 — **Greuze** (attribué à). — Tête de jeune fille, joli pastel.

115 — **Isabey** (attribué à). — Une Ville normande, dessin à la plume.

116 — **Lerot** (signé). — Marine. — Ce dessin porte la date de 1825.

117 — Réunion de Croquis et Aquarelle dans le même cadre.

118 — **J. Parrocel**. — Dessin représentant une bataille.

119 — **Bonnington** (attribué à). — Paysage, aquarelle.

120 — **Lauterbourg** (attribué à). — Paysage, très joli dessin.

121 — Paysage, aquarelle.

122 — **Dozanne**. — Marine, dessin très fin.

123 — **Natoire** (attribué à). — Dessin à la sanguine, sujet gracieux.

124 — **L. David** (attribué à). — *Jeune femme et enfant dans un parc*, dessin de forme ovale.

125 — **N. Poussin.** — *Femme et Faune.* — Ce dessin a fait partie de la collection Mariette.

126 — *Terrasse d'un café*, dessin à la plume.

127 — Dessin hollandais portant le monogramme A. V. — Animaux divers.

128 — **A. Manglard.** — Marine, dessin.

129 — Buste de femme, époque Louis XV, joli pastel.

130 — *Don Quichotte*, aquarelle en éventail.

131 — **S. Lecler** (attribué à). — Charmant petit Dessin, sujet gracieux.

132 — **Eissen.** — *Mendiants*, esquisse.

133 — **Rembrandt** (attribué à). — *Le Mendiant*, dessin à la plume.

134 — **Aubin** (attribué à). — Portrait d'homme, buste.

135 — **Prudhon** (attribué à). — Dessin militaire.

136 — **F. Millet** (attribué à). — Paysage, jolie esquisse.

137 — **H. Vernet** (attribué à).—Dessin militaire.

138 — **Béga** (attribué à). — *Musiciens*, aquarelle hollandaise.

139 — **F. Boucher** (attribué à). —Sujet gracieux, dessin à la sanguine.

140 — **Devéria.** — Sujet gracieux.

141 — **Marrillier.** — *Mars et Vénus*, charmant petit dessin.

142 — **Coypel.** — Sujet historique ayant servi pour exécuter une tapisserie.

143 — **Coypel.** — Sujet historique ayant servi pour exécuter une tapisserie.

144 — **Coypel.** — Sujet historique ayant servi pour exécuter une tapisserie

145 — **Coypel.** — Sujet historique ayant servi pour exécuter une tapisserie,

Ces quatre numéros forment série.

---

# TABLEAUX ANCIENS & MODERNES

146 — **Lancret** (attribué à). — *Le Concert.*

147 — *Réunion de Savants*, Tableau ancien avec cadre bois.

148 — **Mallet.** — Intérieur de cloître, provient de la collection Hardy de Boulogne.

149 — **Coypel** (attribué à). — Sujet historique.

150 — **Coypel** (attribué à). — Sujet historique.

151 — Panneau représentant une marine, peinture primitive.

152 — **Watteau** (signé). — Sujet gracieux.

153 — Peinture hollandaise, représentant la Mort.

154 — **Géricault** (attribué à). — A bord.

155 — **Allongé** (attribué à). — Effet de neige sous bois.

156 — Intérieur de Cloître, panneau du xv⁰ siècle peint sur les deux faces.

157 — Portrait du moyen âge.

158 — Sujet militaire, genre H. Vernet.

159 — **Calf** (attribué à). — Intérieur d'une ferme flamande.

160 — **Demarne.** — Étude de vaches.

161 — **Coyart** (attribué à). — Pâturage.

162 — **Breughel** (attribué à). — Panneaux avec cadre bois et nombreux personnages.

163 — **Breughel** (attribué à). — Panneaux avec cadres bois et nombreux personnages.

164 — **Th. Rousseau** (attribué à). — Étude encadrée.

165 — *Jeune Femme dans un Parc.*

166 — **Carle du Jardin.** — Paysage avec personnage et animaux.

167 — **La Rochenoire.** — Paysage.

168 — **Mercier.** — Marine avec cadre bois et or.

169 — **Bertin** (attribué à). — Paysage.

170 — **Barras** (attribué à). — Sujet biblique.

171 — **Charles Hugo.** — Petit Tableau de fleurs.

172 — **Mercier.** — Petit Panneau, marine.

173 — **J. Etex.** — Petit Panneau, nature morte.

174 — Petit Tableau, sujet religieux, époque Louis XVI.

175 — Petit Tableau du xvi^e siècle, Portrait de femme.

176 — Petit Tableau ancien, avec cadre en bois.

# GRAVURES ENCADRÉES

177 — Gravure en couleur, imprimée sur soie, avec cadre en bois.

178 — *Le Carnaval de Venise*, gravure dans un très beau cadre.

179 — **Jacques Callot.** — *Une Fête*, très belle épreuve, forme éventail.

180 — **Lucas de Leyde.** — Gravure très curieuse.

181 — **Goldsieux.** — Très belle Épreuve.

182 — **Albert Durier.** — Portrait de femme dans un cadre ancien.

# GRAVURES EN CARTONS

183 — Environ cent Gravures en noir et en couleur, pièces historiques, portraits, etc

184 — Soixante Études.

185 — Jolies Gravures, sujets militaires, etc.

186 — Environ cent cinquante pièces Lithographies, d'après **Prudhon** et autres ar-
tistes.

187 — Environ soixante Eaux-fortes.

188 — Environ cent Gravures anciennes.

189 — Environ cent Vignettes, Eaux-fortes,
Culs-de-lampe.

190 — Environ cent vingt pièces Gravures,
chevaux, militaires etc.

191 — **Charlet.** — Quatre-vingts lithographies.

192 — **Charlet.** — Quatre-vingts lithographies.

193 — Quarante pièces Caricatures françaises et
anglaises.

194 — Quarante Caricatures en noir et en
couleur.

195 — Quarante Caricatures anglaises et françaises.

196 — Sous ce numéro seront vendus environ
2,000 Portraits (sera divisé).

197 — Sous ce numéro seront vendus environ
3,000 Ornements (sera divisé).

# MEUBLES D'ART

## CURIOSITÉS — OBJETS DIVERS

198 — Très beau Lit, style Henri II, bois sculpté.

199 — Quatre Fauteuils, style Louis XVI, couverts en étoffe ancienne.

200 — Quatre Chaises, style Henri II, couvertes en tapisserie ancienne.

201 — Bureau-Commode, style Louis XV, en marqueterie hollandaise.

202 — Vitrine à deux corps d'encoignure, marqueterie hollandaise.

203 — Console Louis XV, bois sculpté et doré.

204 — Console analogue à la précédente.

205 — Table de jeu, marqueterie hollandaise.

206 — Banquette italienne en bois sculpté, style Renaissance.

207 — Autre Banquette italienne en bois sculpté, style Renaissance.

208 — Deux Fauteuils italiens, bois sculpté.

209 — Belle Commode en marqueterie hollandaise.

210 — Commode Louis XIV, ornée de bronzes et cannelures en cuivre.

211 — Vitrine d'appui, bois de rose, ornée de bronzes, époque Louis XV.

212 — Secrétaire, bois de rose, époque Louis XVI.

213 — Toilette-Duchesse, Louis XV.

214 — Petite Console Louis XVI, bois de rose, cannelée de cuivre, formant vitrine, avec marbre blanc et galerie.

215 — Petit Chiffonnier, bois de rose, à cinq tiroirs.

216 — Paravent breton, bois sculpté, à trois feuilles.

217 — Cabinet orné d'incrustations d'ivoire.

218 — Étagère, style chinois, découpée à jour.

219 — Petite Table, style Louis XV, en marqueterie.

220 — Deux Fauteuils, style Henri II, couverts en velours et applications.

221 — Ameublement de Salon, style Henri II, composé de : un Canapé, deux Fauteuils et deux Chaises, couverts en tapisserie de Nîmes.

222 — Armoire normande.

223 — Paire de Gaines en marbre.

224 — Buste de Femme, terre cuite.

225 — Garniture de Cheminée, style Louis XVI, en bronze doré.

227 — Table, style Louis XIII, chêne ciré.

228 — Table analogue à la précédente.

229 — Étagère bretonne, style Louis XVI, en bois sculpté.

230 — Lot de Panneaux et Bois sculptés divers (sera divisé).

231 — Plat, cuivre repoussé, à armoiries.

232 — Petit Lustre flamand en bronze.

233 — Deux Gravures gouachées. — Vues de Suisse.

234 — Papeterie en marqueterie hollandaise.

235 — Crédence, chêne sculpté, style gothique.

236 — Fauteuil Louis XVI.

237 — Grande Glace, style Louis XIII, cadre
noir guilloché.

238 — Quatre Escabeaux, style gothique.

239 — Lot d'Armes (sera divisé).

240 — Six Statuettes en porcelaine de Saxe.

241 — Deux Groupes, porcelaine de Saxe.

242 — Pendule Empire, bronze doré.

243 — Coupe en marbre, à piédouche.

244 — Miniature sur ivoire. — Portrait de
*Madame de Pompadour*.

245 — Miniature sur ivoire. — Portrait de jeune
Femme, époque Louis XVI.

246 — Lot de Bijoux (sera divisé).

247 — Lot d'Étoffes anciennes, Chapes, Cha-
subles et Morceaux divers (sera divisé).

# TAPISSERIES ANCIENNES

248 — Grande Tapisserie Renaissance très fine et à nombreux personnages, sujet mythologique.

249 — Belle Tapisserie verdure, représentant un paysage animé d'oiseaux avec château dans le fond, belles bordures.

250 — Petit Panneau verdure, toutes bordures, très vif de ton.

251-252 Deux grands Panneaux verdures.

253-254 Deux autres Panneaux, tapisserie verdure.

255-259 Cinq Tapisseries verdures et à personnages.

260 — Lot de Tapisseries pour sièges.

PARIS. — IMPRIMERIE CHAIX, 20, RUE BERGÈRE. — 1836-1-90.

9 782329 542324